# Iniciação à vida cristã

## Perseverança

Paulinas

## Coleção Água e Espírito

### Iniciação à vida cristã

- *Batismo; Confirmação / Eucaristia de adultos*
  Livro do Catequista e Livro do Catequizando
  Leomar A. Brustolin e Antonio Francisco Lelo

- *Catecumenato crismal*
  Livro do Catequista, Livro do Crismando e Livro da Família
  Nucap

- *Perseverança*
  Livro do Catequista, Livro do Catequizando e Livro da Família
  Nucap

- *Eucaristia*
  Livro do Catequista, Livro do Catequizando e Livro da Família
  Nucap

- *7-8 anos*
  Livro do Catequista e Livro do Catequizando e da Família
  Nucap

- *Iniciação à vida cristã dos pequeninos*
  Livro do Catequista e Portfólio do Catequizando e da Família
  Erenice Jesus de Souza

- *Batismo de crianças*
  Livro do Catequista e Livro dos Pais e Padrinhos
  Nucap

Núcleo de Catequese Paulinas – Nucap

# Iniciação à Vida Cristã

## Perseverança

Livro da Família

Paulinas

**Dados Internacionais de Catalogação na Publicação (CIP)**
**(Câmara Brasileira do Livro, SP, Brasil)**

Iniciação à vida cristã : Perseverança : livro da família / Núcleo de Catequese Paulinas - NUCAP. -- 4. ed. -- São Paulo : Paulinas, 2019. -- (Coleção água e espírito)

ISBN 978-85-356-4511-8

1. Catequese - Igreja Católica - Ensino bíblico 2. Catequistas - Educação 3. Fé 4. Projeto Jovem 5. Vida cristã I. Núcleo de Catequese Paulinas - NUCAP. II. Título. III. Série.

19-24951 CDD-268.3

**Índices para catálogo sistemático:**

1. Catequistas : Formação bíblica : Educação religiosa : Cristianismo 268.3

Iolanda Rodrigues Biode - Bibliotecária - CRB-8/10014

4ª edição – 2019
1ª reimpressão – 2025

Direção-geral: *Flávia Reginatto*
Editores responsáveis: *Vera Ivanise Bombonatto e Antonio Francisco Lelo*
Copidesque: *Anoar Jarbas Provenzi*
Coordenação de revisão: *Marina Mendonça*
Revisão: *Ruth Mitzuie Kluska*
Direção de arte: *Irma Cipriani*
Assistente de arte: *Sandra Braga*
Gerente de produção: *Felício Calegaro Neto*
Capa e editoração eletrônica: *Manuel Rebelato Miramontes*
Ilustração de capa: *Gustavo Montebello*



Cadastre-se e receba nossas informações
paulinas.com.br
Telemarketing e SAC: 0800-7010081

**Paulinas**

Rua Dona Inácia Uchoa, 62
04110-020 – São Paulo – SP (Brasil)
(11) 2125-3500
editora@paulinas.com.br

# Iniciação à vida cristã
## Perseverança

Este projeto tem o objetivo de propor o encontro com Jesus Cristo vivo e seu seguimento na Igreja, para que o jovem se sinta estimulado a analisar sua vida, a avaliar seus limites e a interiorizar as várias dimensões da personalidade cristã. Compõe-se dos seguintes subsídios:

- *Livro do Catequista*: traz a reflexão dos vinte e seis encontros com indicações pedagógicas para seu desenvolvimento, além de uma introdução que apresenta a proposta geral desta etapa de fé, o roteiro das duas celebrações (penitência e renovação das promessas batismais) e o apêndice com o oracional.

- *Livro do Catequizando*: traz a reflexão dos vinte e seis encontros, o roteiro das duas celebrações (penitência e renovação das promessas batismais) e o apêndice com o oracional.

- *Livro da Família*: apresenta os cinco encontros dos responsáveis com os catequistas, como também as celebrações da penitência e da renovação das promessas batismais, que deverão ser celebradas com os adolescentes e os catequistas. Os temas desses encontros correspondem àqueles refletidos no grupo de perseverança.

# Apresentação

O futuro da humanidade passa pela família. O modo de organização entre seus membros se modifica com os tempos e as sociedades, mas a importância e a profundidade das relações familiares permanecem. Garantir laços e assegurar vínculos numa casa em que as pessoas se amam, se respeitam e dialogam é o grande desafio atual. Nosso tempo para a família ficou muito curto, pois tudo passa com rapidez e pressa, e estamos sempre correndo atrás do prejuízo de não termos nos conhecido suficientemente.

Na bela fase da pré-adolescência, queremos animar os pais e responsáveis a estreitarem a convivência com seus filhos, aprofundando temas geradores de valores, convicções pessoais, fé e conhecimento de Jesus Cristo.

O testemunho de vivência cristã dos adultos é a pedra de toque para o adolescente se inspirar em pessoas e situações concretas a fim de assimilar valores e se educar na fé. Pedimos aos(às) senhores(as) que acompanhem suas descobertas de fé, se interessem por seus questionamentos e possíveis crises.

A paróquia é a extensão da casa. É a mãe que acolhe, primeiramente para o Batismo e depois para alimentar a fé. A paróquia depende dos adultos. A parceria entre paróquia e família pressupõe cooperação, no sentido de pensar, aprender, decidir juntos, trocar ideias, sentir-se parte de um grupo com valores comuns. O acompanhamento do grupo de Perseverança e a presença dos pais nas reuniões tornam-se ocasião de diálogo, de acolhida, de troca de pontos de vista e principalmente é o tempo propício da graça da conversão de toda a família para viver mais o Evangelho de Cristo.

Por isso, propomos este roteiro que acompanha os temas refletidos pelos adolescentes, com a finalidade de suscitar o debate e o interesse pelo crescimento da fé de toda a família.

1º encontro: Viver a fé — num país de muitas crenças, problematiza os vários modos de conceber a fé em Cristo e insiste na educação da fé para que seja sempre mais de acordo com o Evangelho.

2º encontro: O Domingo — promover a valorização do Domingo como lugar de encontro da família com o Ressuscitado na comunidade de fé.

3º encontro: Celebração da Penitência — pais ou responsáveis, catequistas e perseverantes dobram os joelhos e se reconhecem pecadores e necessitados da graça da conversão para serem mais perfeitos no amor.

4º encontro: Namoro e sexualidade — partilhar as várias concepções e atitudes em torno do tema e confrontá-las com o Evangelho.

5º encontro: Família, lugar de diálogo e crescimento — partilhar dificuldades e soluções na convivência e desenvolvimento dos adolescentes.

6º encontro: Pertencer à comunidade — promover o debate e a conscientização dos pais e responsáveis na vida e na pastoral da comunidade.

7º encontro: Renovação das promessas batismais — celebração conclusiva desta etapa de fé que envolve o compromisso de toda a família para que seja mais comprometida com o projeto de Deus assumido no dia do Batismo.

Os pais e responsáveis estejam seguros, nada se iguala à beleza e à verdade que o Evangelho introduz no coração. Esse é o remédio para a soberba, para o consumismo vazio e para a ganância destruidora. Uma família que se debruça sobre o Evangelho e abre o coração a seus ensinamentos é como a casa construída sobre a rocha: podem vir os ventos mais tempestuosos que ela resistirá.

# Viver a fé

## Oração

**Todos**: Vinde, Espírito Santo, enchei o coração dos vossos fiéis e *acendei neles o fogo do vosso amor. Enviai o vosso Espírito e tudo será criado, e renovareis a face da terra.*

*Senhor nosso Deus, que pela luz do Espírito Santo instruístes o coração dos vossos fiéis, fazei que apreciemos todas as coisas segundo o mesmo Espírito e gozemos sempre da sua consolação. Por Cristo, Senhor nosso. Amém.*

Proclamar: Jo 20,24-29 — Bem-aventurados os que não viram, e creram!

**Comentarista**: *Senhor Jesus, luz verdadeira, que iluminais toda a humanidade, libertai, pelo Espírito da verdade, os que se encontram oprimidos pelo pai da mentira, e despertai a boa vontade dos que chamastes ao vosso discipulado, para que, na alegria da vossa luz, tornem-se, como Tomé, vosso apóstolo outrora iluminado, audazes testemunhas da fé. Vós que viveis e reinais para sempre.*

## Partilha

A fé sincera e genuína dos primeiros cristãos contrasta com a fé atrapalhada do apóstolo Tomé, o qual não confia a não ser no restrito horizonte dos seus sentidos. Ele irá acreditar somente se tiver tocado o alvo da fé com suas próprias mãos, e se o tiver visto com seus próprios olhos. Ele não acredita no testemunho dos companheiros, que afirmavam ter experimentado a presença do Cristo Ressuscitado.

Então, o próprio Jesus aparece de novo e exige de Tomé que o reconheça não só como Mestre e Messias, mas que o relutante apóstolo chegue à profissão da fé plena, no Filho de Deus, enviado pelo Pai para salvar a humanidade. E eis que o encontro com o Ressuscitado conduz o discípulo hesitante à esfera suprema da fé.

Tomé proclama humildemente: "Meu Senhor (o Deus Altíssimo, criador e regedor do universo, na linguagem bíblica) e meu Deus!". Jesus de bom grado aceita a profissão da atormentada fé de Tomé; entretanto ele apresenta e exalta uma outra fé, à qual está destinada uma bem-aventurança: "Creste porque me viste? Bem-aventurados os que não viram, e creram!" (v. 29). Trata-se, pois, da fé daqueles que acreditam de uma maneira total, pura, livre, sem o condicionamento exclusivo do "ver" e do "tocar".

Desta fé firme, experimentada no seio da primeira comunidade, deram um grande exemplo os cristãos, doutrinados por São Pedro: "Sem terdes visto o Senhor, vós o amais. Sem que agora o estejais vendo, credes nele. Isto será para vós fonte de alegria inefável e gloriosa" (1Pd 1,8).

## Reflexão

Inicialmente, formar pequenos grupos e suscitar questões em torno da fé. Podem-se propor essas ou outras perguntas: O que é ter fé? A nossa fé precisa ser educada e amadurecer? A nossa fé pode ser manipulada por pessoas interesseiras? Para ter fé numa Igreja, basta apenas se sentir bem nela ou receber muitas graças? Como a nossa fé pode crescer e se alimentar? Qual a importância da fé na educação do adolescente?

Ter fé é algo encantador. Acreditamos em muitas coisas, em muitos princípios. Os poetas dizem que é preciso ter fé na vida, fé no amor: "Andá com fé eu vou, que a fé não costuma faiá"...

Ter fé em Jesus Cristo nos leva a conhecer sua pessoa e a experimentar seu amor. Corremos o risco de inventar um Cristo segundo o nosso gosto para satisfazer às nossas vontades. Pior ainda, se entendermos que ter fé significa negociar com Deus para levarmos vantagens nesta vida. O Senhor não nos garante dinheiro e sucesso nos negócios, mas nos oferece bem mais que isso.

Às vezes nossa atitude de fé é interesseira e buscamos o Senhor para batizar, fazer a Primeira Comunhão, casar e para as missas de sétimo dia, ou então quando um sofrimento atroz e inesperado bate à nossa porta. Muitas vezes, também, nos contentamos com uma fé implícita e respeitosa, que nunca se manifesta e, por isso, não cresce e nem testemunha o amor que o Senhor dispensa a cada um.

Ter fé é uma atitude interior que nos faz buscar o Senhor, ser sensíveis aos sinais dele nos acontecimentos diários. A fé, cultivada na oração e na escuta da Palavra, nos predispõe para ver as coisas de um modo diferente! Sobretudo, passamos a viver unidos com Jesus Cristo, que nos dá uma grande alegria e uma enorme força para lutar buscando sempre o essencial em nossa vida. A Palavra viva, Jesus Cristo, gera sentido de vida, otimismo e esperança, porque nos ama, nos revela o amor do Pai e é realização desse amor ao entregar sua vida por nós. Por isso, a vida de fé nos revigora interiormente.

Compreendemos que ter fé significa entrar na órbita da revelação do projeto de Deus, levado a efeito por seu Filho Jesus Cristo. Antes de tudo, acolhemos o amor ou a graça que nos envolve, pois a nossa conversão é precedida pelo desejo de Deus de nos salvar das armadilhas dos gananciosos do mundo. Sentir-se filho de Deus, tocado por sua graça, é o sentimento mais terno e convincente que podemos ter. Tantas coisas neste mundo nos decepcionam, menos a convicção inabalável do amor do Senhor por nós.

Assim como na *parábola do pai misericordioso* (Lc 15,11-32), o filho mais novo, depois de levar uma vida desregrada e vazia, que o pôs a perder a herança e o levou à desgraça, agora cai em si, reconhece seu erro e quer voltar para seu pai: "Quando ainda estava longe, seu pai o avistou e foi tomado de compaixão. Correu-lhe ao encontro, abraçou-o e o cobriu de beijos" (v. 20). A dinâmica da fé supõe a conversão, a predisposição de reconhecer o mal cometido e dar-nos conta de que não somos tudo aquilo que imaginamos ser. Estejamos sempre prontos para assumir essa atitude fundamental em nossa vida: somos esse filho que "mete os pés pelas mãos", se acha tão poderoso e cheio de jovialidade, mas se encontra no fundo do poço, a ponto de, como na parábola, nem poder comer o que davam aos porcos.

No entanto, o nosso pecado, marcado pela nossa falsa autossuficiência, se depara com o amor misericordioso e cheio de compaixão do pai que não somente acolhe o rapaz, mas o recebe novamente na condição de filho: "Trazei depressa a melhor túnica para vestir meu filho. Colocai-lhe um anel no dedo e sandálias nos pés. Trazei um novilho gordo e matai-o, para comermos e festejarmos" (vv. 22-23).

A nossa fé é a legítima expressão desse movimento interior de reconhecimento das nossas limitações, de nossa pequenez e ambiguidade, para nos jogarmos confiantemente nos braços do Pai. Não basta reconhecer nosso pecado e o amor do Pai, a fé precisa se alimentar para continuar crescendo até produzir frutos.

A fé é seguimento de um caminho estreito proposto pelo Senhor que nos conduz ao essencial: ao seu amor. Nesse percurso, a *Parábola da semente* (Mt 13,1-23) nos ajuda a entender o essencial da vida de Deus em nós. Precisamos ser a terra boa, macia e pronta para receber a semente da Palavra, o que mostra a necessidade da permanente atitude de escuta da Palavra e adesão à vontade do Senhor. O amor do Senhor em nós cria uma estreita relação de amizade e correspondência de ambas as partes.

Jesus nos ensina que o seu seguidor necessita desenvolver algumas atitudes básicas: O *que caiu em terra boa são aqueles que, ouvindo com um coração bom e generoso, conservam a Palavra e dão fruto pela perseverança* (Lc 8,15). Assim, três palavras-chave resumem a condição de ser discípulo de Jesus: *ouvir, guardar, frutificar*. Esse amor cresce e toma forma à medida que ouvimos a Palavra e a colocamos em prática. Por isso, aquele que segue o

Senhor faz brotar a semente e produz fruto, oitenta... cem por um, segundo a medida de sua adesão e confiança no Senhor.

Lucas vai pintar os traços da figura de Maria. Mostra que ela tem exatamente as qualidades que caracterizam o seguidor de Jesus. Maria ouve a palavra de Deus com fé, guarda no coração e a põe em prática.[1]

Somos discípulos para seguir o Senhor, colocando-nos à disposição do seu plano e não o obrigando a se curvar às nossas necessidades imediatas. Por isso, a sabedoria da parábola alerta para que a Palavra, tal como a semente, não caia à beira do caminho, de qualquer maneira, sem chegar a lugar nenhum, de forma que os pássaros a comam, ou brote entre as pedras e espinheiros: *Vem o Maligno e rouba o que foi semeado em seu coração* (v. 19); *ouve a Palavra e logo a recebe com alegria, mas não tem raiz em si mesmo, é de momento: quando chega tribulação ou perseguição por causa da Palavra, ele desiste logo* (vv. 20-21); ou *as preocupações do mundo e a ilusão das riquezas sufocam a Palavra, e ele fica sem fruto* (v. 22).

Aquele(a) que experimentou o amor misericordioso do Senhor, deu-se conta de sua fragilidade e acolheu a sua Palavra como inspiração e sentido de viver neste mundo é capaz de resplandecer a glória de Deus em seu ser. A passagem da *Transfiguração de Jesus* (Mt 17,1-9) diante de Pedro, Tiago e João concretiza a condição de vida nova que o discípulo usufrui, pois o Espírito de Deus resplandece naquele que estabelece essa nova relação com o Senhor.

A beleza de viver no Espírito faz o discípulo se parecer com o Senhor: *Seu rosto brilhou como o sol e suas roupas ficaram brancas como a luz* (v. 2). A Transfiguração revela a condição divina de Jesus de Nazaré, o filho de Maria. Os discípulos devem ver em Jesus a nova condição humana glorificada pela encarnação do Filho de Deus.

No Evangelho, Jesus sobe o monte Tabor e se transfigura quando estava próxima a sua morte. Fez isso para que os apóstolos

---

[1] Cf. MURAD, Afonso. *Maria, toda de Deus e tão humana*. São Paulo, Paulinas/Siquem, 2004. pp. 33-34. (Livros básicos de teologia, n. 8.2.)

não se escandalizassem diante do horror da cruz. A Transfiguração é o prenúncio da ressurreição, como coroação dos sofrimentos de Jesus em sua paixão. A cruz, a doação de vida e as dificuldades não farão o discípulo afastar-se de sua missão, pois todo aquele que faz a vontade de Deus imita Jesus. Por isso o Pai diz: *Este é o meu Filho amado, nele está meu pleno agrado: escutai-o* (v. 5).

Vamos ter sempre presente que o mistério da fé em Cristo comporta os dois lados da moeda: a cruz e a ressurreição. A confiança em Deus nos leva a suportar a cruz de cada dia com tudo aquilo que ela significa de dor e de limitações, porque a cruz não é o fim de nosso caminho de fé, mas sim o meio para alcançarmos o objetivo: a ressurreição.

**Viver o matrimônio com fé**

Estando prestes a completar trinta e um anos de matrimônio, queremos enfatizar que comemoramos o nosso sacramento do Matrimônio. Não pode ser simplesmente confundido com "casamento", pois se somente tivéssemos casado — termo, aliás, que se generalizou nos últimos anos para identificar todo e qualquer tipo de união legal — certamente não teríamos tido forças para vencer as dificuldades de uma vida a dois, e depois a três, e depois a quatro, porque tivemos dois lindos filhos.

Acreditamos que somos um casal que sempre lutou para compartilhar nossas alegrias juntos. Trabalhamos e estudamos juntos, ou seja, vivemos um para e com o outro as vinte e quatro horas do dia, tornando-se difícil imaginar a vida de um sem o outro, e o interessante em tudo isso é que não nos enjoamos... Se disséssemos que em todo o tempo vivemos — como se diz popularmente — em um "mar de rosas", todo o nosso testemunho perderia a sua credibilidade, pois é humanamente impossível compartilhar uma vida sem nenhum problema.

É bem verdade que ao longo de todos esses anos tivemos problemas sérios em todos os campos da vida, mas é certo também que conseguimos superar nossas dificuldades com a presença de Deus. Quando estávamos perdendo as forças, nossas baterias eram recarregadas pelo alimento da nossa fé.

O mais importante em qualquer relacionamento, agraciado pelas bênçãos de Deus, é o compromisso de que um, jamais — e enfatizamos "jamais" — deve desistir do outro. Aquele que por vezes desvia-se do caminho ou que cai jamais pode ser abandonado ou tido como perdido, mas deve ser elevado, recuperado, com muito amor, pois o amor é o sentimento magnífico que Deus como Pai nos ensina gratuitamente porque somos seus filhos.

É interessante lembrar que para o nosso convite de casamento escolhemos uma frase que ainda está muito viva em nossas mentes — "Amar não é olhar um para o outro, é olhar juntos na mesma direção" (Antoine de Saint Exupéry). Se tivéssemos ficado todos esses anos olhando um para o outro, não teríamos trilhado o nosso caminho, não teríamos construído uma família, não estaríamos hoje escrevendo este testemunho.

Quando as pessoas ficam admiradas pelo tempo da nossa união e nos perguntam: todo esse tempo com a mesma pessoa? Somos categóricos em afirmar que não, que não estamos casados com a mesma pessoa que conhecemos há trinta e um anos, porque tanto um quanto o outro foi ao longo desses anos se aprimorando, crescendo, evoluindo, engordando, emagrecendo, ficando loira, morena, grisalho, careca, usando barba ou não, sendo caridoso, estudioso, ficando chato ou não, ficando doente ou plenamente sadio, tendo dúvidas e incertezas, muita confiança, erros e acertos, mas sempre se consolidando cada vez mais na fé. Seria extremamente entediante se tivéssemos vivido até hoje da forma como éramos há trinta e um anos, e pedimos a Deus para continuar assim, evoluindo, nos aperfeiçoando, sentindo cada vez mais humanos, porque "ser" humano é viver o presente de maneira intensa, extraindo tudo deste "presente" que nosso Pai nos oferece, que é a própria vida.

Há muito tempo assumimos o "nós", *porque afinal já não somos dois, mas uma só carne*, enfim, *o que Deus uniu o homem não separe* (Mc 10,8-9), mas o interessante em tudo isso é que esse "nós" acaba não ficando restrito somente a nós dois, pois esse "nós" resulta num sentido de doação que se estende para a nossa família e avança para a comunidade, quando nos doamos para aqueles que mais precisam de "nós"!

Uma vida sem Deus não é vida, é morte, e, conscientes da mensagem viva e dos ensinamentos de Jesus, temos como meta segui-lo, com todas as nossas dificuldades, pois do contrário não poderíamos nos considerar cristãos e viver a sua Igreja, estar inseridos neste corpo maravilhoso. Se Jesus é a cabeça, nós, a sua Igreja, somos os seus membros.

Somos filhos, pai, mãe, advogados e futuros teólogos, e com certeza a nossa vida não acabará aqui, porque a nossa força vem do alimento mais precioso... que é o Corpo e o Sangue de Jesus Cristo presente na Eucaristia.

Que a paz de Cristo esteja presente em "nossas" vidas!

Regina e Ariovaldo

## Homenagem aos pais, mães e responsáveis

1. Sempre é tempo de agradecer. Hoje, saudamos nossos pais e responsáveis e os homenageamos com nosso carinho e nossa gratidão.

2. Deus fez o céu e a terra. Nossos pais também são colaboradores do Criador. Um dia, depois de muito pensar ou meio de surpresa (que susto! quase não acreditavam!), se deram conta de que continuavam a obra da criação.

3. A força da vida passou pelo coração e pelos sentimentos do meu e de todos os pais e mães. Foi maior do que eles. É um mistério divino nunca desvendado, mas eles chegaram perto desse segredo.

4. Obrigado a todos eles! Enxergamos a luz do dia, iniciamos a aventura de estar aqui e continuamos todos os dias a caminhar, a construir uma história, porque vocês nos trouxeram à vida.

5. Que pena! Muitos pais se esqueceram disto, e nem se deram conta. Há crianças na rua. Filhos registrados somente

com o nome da mãe. Que tristeza! Rezemos pelos pais e mães ausentes.

6. Queremos abraçar bem forte aqueles pais e mães que não o são fisicamente, mas de coração são grandes pais e mães. Não geraram, mas criaram, assistiram e educaram crianças e jovens como seus filhos. Esses são mais valentes.

7. Nunca é pouco recordar os pais e as mães que estão junto com o nosso Grande Pai. A saudade ficou em nossos corações e nos acompanha até agora; mas é maior a certeza de que logo nos sentaremos à mesma mesa e sentiremos de novo a firmeza do amor que sempre os acompanhou.

8. Hoje! Sim! Hoje, e não amanhã, queremos ser mais atentos e reconhecer a cada dia o quanto é bom ser filho e conviver com vocês.

9. Depois que o tempo cansar de passar, vou me sentar no canto da cama de vocês e recordar muitas histórias bonitas do nosso tempo, ou melhor, do tempo de agora em que são fortes e nossos amigos. E mais: quando ficarem doentes, podem acreditar, sempre estaremos com vocês, assim como vocês ficam conosco quando estamos gripados e com febre.

10. Deus também quis ser pai, por isso Jesus o chamava de Abbá, paizinho. E Jesus nos deu a sua Mãe como nossa Mãe.

# O Domingo

## Oração

**Leitor 1**: O *Senhor esteja convosco.*

**Todos**: *Ele está no meio de nós.*

**Leitor 1**: *Demos graças ao Senhor, nosso Deus.*

**Todos**: *É nosso deve e nossa salvação.*

**Leitor 1**: *Na verdade, é justo e necessário, é nosso dever e salvação dar-vos graças, sempre e em todo o lugar, mas sobretudo porque Cristo, nossa Páscoa, foi imolado.*

**Leitor 2**: *Ele é o verdadeiro Cordeiro, que tira o pecado do mundo. Morrendo, destruiu a morte, e, ressurgindo, deu-nos a vida.*

Proclamar: Jo 20,19-23 — Ao anoitecer daquele dia, o primeiro da semana.

## Partilha

O primeiro dia da semana, o da Ressurreição, logo no início do Cristianismo tornou-se o dia em que os cristãos começaram a se encontrar para a celebração da ceia e tornar presente o Ressuscitado. Converteu-se no dia primordial, porque nele celebramos o Mistério Pascal de Cristo e da Igreja. Domingo vem da palavra latina *Dominus* e quer dizer "Senhor". Portanto, é o "dia do Senhor".

*Ao anoitecer daquele dia, o primeiro da semana, os discípulos estavam reunidos [...]. Jesus entrou e pôs-se no meio deles [...]. Oito dias depois, os discípulos encontravam-se reunidos na casa* (vv. 19 e 26). Esses versículos do Evangelho de Jesus Cristo segundo João nos mostram como prontamente as primeiras comunidades cristãs transferiram todo o significado do sábado para o domingo centrado na realidade da Páscoa (passagem) do Senhor. Por isso, a comunidade se reunia no primeiro dia e os cristãos tinham consciência da presença do Ressuscitado em seu meio.

Se o domingo é o dia da Ressurreição, ele não se reduz à recordação de um acontecimento passado: é a celebração da presença viva do Ressuscitado no meio de nós. É a Páscoa semanal, que recorda o memorial da presença do Senhor na comunidade. À reunião da assembléia dominical estão associados a entrega do Espírito do Senhor, a alegria da Ressurreição, o otimismo da vitória sobre a morte, o testemunho nos sofrimentos, o anúncio do Senhor no mundo. "A Páscoa foi inaugurada: agora continua crescendo e desenvolvendo-se em e por nós, sempre com a presença misteriosa do Senhor, sobretudo no domingo [...]. Cada domingo é ao mesmo tempo memória da Páscoa inicial e profecia da Páscoa futura. Em cada domingo atualiza-se a primeira e antecipa-se já sacramentalmente a definitiva, enquanto a comunidade vai caminhando e amadurecendo até o descanso eterno".[1]

## Reflexão

Valorize o domingo como dia de encontro com o Senhor. Mais que ressaltar a obrigação do preceito dominical, conscientize sobre sua importância e necessidade para nutrir a vida cristã. Estabeleça quais são as dificuldades que o grupo tem de participar da Missa ou celebração dominical; ao lado trace os ganhos de centralizar a Eucaristia como eixo de todos os compromissos da semana.

---

[1] Aldazábal, José. Domingo, dia do Senhor. In: Borobio, Dionisio (org.). *A celebração na Igreja.* São Paulo, Loyola, 1990. v. 3, p. 81.

Hoje, concebemos o tempo fixado no próprio presente; a memória do que se passou não importa, pois ficou velho demais. Preferimos viver o dia a dia, sem programar a longo prazo e sem criar apegos pessoais, familiares ou comunitários, já não há tempo para isso. O Domingo torna-se um dia de folga, uma pausa no estudo e no trabalho. As relações humanas se nivelam ao nível do consumo, impedindo as relações afetivas de assumirem um compromisso responsável e definitivo.[2] Na verdade, somos mais que máquinas de ganhar e gastar dinheiro.

Em uma sociedade de consumo, o tempo se alterna entre trabalho e lazer, comer e comprar... Depois de trabalharmos a semana inteira, é justo a gente poder descansar. Mas será que o domingo é somente isso? Buscamos a realização imediata de nossos desejos pessoais. Quase não falamos sobre a vida eterna, porque vale o imediatismo do "agora". Tal forma de conceber o tempo desenraíza o domingo de seu sentido fundamental. Acabamos perdendo a importância de comemorar a Páscoa do Senhor, o grande acontecimento de nossa redenção.

### *O reconhecimento da obra divina*

A vida, antes de tudo, é um dom que recebemos de Deus. Desde o início, a Bíblia nos ensina que Deus, ao criar o mundo *no sétimo dia, concluiu toda a obra que tinha feito [...]. Deus abençoou o sétimo dia, o santificou e repousou de toda a obra que fizera* (Gn 2,2-3). Segundo o plano de Deus, a semana da criação está orientada para o Criador. Dele recebemos tudo o que somos e temos. Assim, tudo o que existe neste mundo, até mesmo a última tecnologia disponível no mercado, não poderá deixar de reconhecer que tudo vem dele e conflui para ele.

Desse reconhecimento brota a natural ação de graças a Deus ou a experiência de sua ação paterna e maravilhosa que nos cria e nos sustenta juntamente com toda a criação. Como o ser humano se perdeu pelos caminhos do pecado, Deus nos enviou seu Filho amado para nos salvar. Assim, a obra da criação não ficou presa nas teias do pecado, do ódio e da violência mais cruel,

---

[2] Cf. CELAM, *Documento de Aparecida*, nn. 44 e 46.

pois seu Filho se encarnou e atraiu para si todas as coisas. O seu sangue derramado na cruz redimiu a humanidade. Assim, a obra da criação do Pai é restaurada.

### *Eucaristia dominical*

A assembleia dominical é lugar privilegiado de unidade: nela se celebra o sacramento da unidade, do povo reunido "pela" e "na" unidade do Pai, do Filho e do Espírito Santo. Um domingo sem assembleia eucarística não será um dia do Senhor. É o dia da Igreja por excelência. "A assembleia dominical vai-nos educando para uma consciência mais viva da Igreja, para um sentido mais profundo de pertença, para um compromisso de construção da comunidade, que não é uma realidade já conquistada, mas um processo de amadurecimento a partir da convocatória de Cristo e da animação do Espírito."[3]

A Eucaristia dominical nos reúne como a família dos filhos de Deus na casa do Pai; marca, no cristão, um estilo de vida pessoal e comunitário. Oferece-nos a ocasião de renovar a graça batismal e de cultivar as atitudes de otimismo, alegria e confiança na misericórdia do Pai. Ela nos dá o Espírito de santidade para vivermos numa relação de intensa comunhão e proximidade. Como cristãos somos convocados pelo Senhor e por seu Espírito para alimentar e discernir nossa vida diante da Palavra proclamada e do sacrifício de Cristo no seu Corpo e no seu Sangue.

## VIVÊNCIA

O que significa viver segundo o domingo? "O domingo é o dia em que o cristão reencontra a forma eucarística própria de sua existência, segundo a qual é chamado a viver constantemente: 'viver segundo o domingo' significa viver consciente da libertação trazida por Cristo e realizar a própria existência como oferta de si mesmo a Deus, para que sua vitória se manifeste plenamente a todos os homens através de uma conduta intimamente renovada.

---

[3] ALDAZÁBAL, Domingo, dia do Senhor, cit., p. 82.

A nossa vida é bem mais que só comer e beber, comprar e pagar contas, se divertir e trabalhar. Dar graças a Deus e reconhecer sua bondade, misericórdia e providência divinas nos libertam do consumismo e da velhice própria de todo ser humano, nos abrem o horizonte da esperança da vida eterna, da garantia do amor do Senhor que está ao nosso lado e não nos abandona. Ao redor do Domingo gira toda a vida comunitária de fé, a alegria e a esperança próprias de quem espera no Senhor.

No início do século IV, quando o culto cristão era ainda proibido pelas autoridades imperiais, alguns cristãos do Norte da África, que se sentiam obrigados a celebrar o dia do Senhor, desafiaram essa proibição. Acabaram sendo martirizados enquanto declaravam que não lhes era possível viver sem a Eucaristia, alimento do Senhor: 'Sem o domingo, não podemos viver'. Esses mártires de Abitínia, juntamente com muitos outros santos, fizeram da Eucaristia o centro de sua vida, intercedem por nós e nos ensinam a fidelidade ao encontro com Cristo ressuscitado!"[4]

Faça o levantamento da frequência à Missa dominical e de quem participa da Missa e da comunidade juntamente com os familiares. Destaque o sentido do domingo na vida do cristão como um dia especial de revigoramento espiritual no qual a Eucaristia ocupa o lugar central.

---

[4] BENTO XVI, *Sacramentum Caritatis*, nn. 72 e 95.

# Celebração da Penitência

Catequistas, pais ou responsáveis e perseverantes se reúnem e fazem silêncio durante algum tempo antes da celebração. Possivelmente haja a presença do sacerdote para ouvir as confissões.

**Comentarista**: *Em sua vida, o cristão sempre se coloca em atitude de conversão e penitência, porque reconhece em si sua fraqueza e suas limitações. Podemos sempre nos aperfeiçoar e nos doar mais. Converter-se significa querer viver de acordo com o Evangelho de Jesus Cristo para sermos mais felizes. Muitas vezes, nos preocupamos tanto conosco mesmos que nem temos tempo para nos dedicar ao próximo. É hora de abrirmos mais espaços em nossa vida para acolher a Boa-Nova da salvação e nos examinarmos diante da Palavra.*

**Presidente**: *Em nome do Pai...*

*A graça de nosso Senhor Jesus Cristo...*

*Deus, pela penitência, nos abre um caminho novo, conduzindo-nos cada vez mais à plena liberdade de filhos e filhas de Deus. Queremos nos parecer sempre mais com Jesus Cristo. Se não podemos parecer fisicamente, podemos, sim, ter um coração muito próximo dele com os mesmos sentimentos de Cristo, que primeiramente nos ensinou a amar e a perdoar.*

Possivelmente cantado.

*Senhor, tende piedade de nós.*

*Senhor, tende piedade de nós.*

*Cristo, tende piedade de nós.*

*Cristo, tende piedade de nós.*

*Senhor, tende piedade de nós.*

*Senhor, tende piedade de nós.*

**Presidente**: *Oremos*

*Ó Deus, que nos chamais das trevas à luz, da mentira à verdade, e da morte à vida, derramai em nós o vosso Espírito Santo para que abra nossos ouvidos e fortaleça nossos corações, a fim de podermos compreender nossa vocação e caminhar corajosamente para uma verdadeira vida cristã. Por Cristo, nosso Senhor.*

## Canto de aclamação ao Evangelho

Quem preside proclama Mt 25,14-30.

## Partilha da Palavra

Quem preside retoma o texto com o grupo e repete alguns versículos para fixar bem a mensagem. É importante relacionar a perícope com o projeto de vida que o adolescente é convidado a formular para si e no contexto familiar.

O talento era um peso-moeda, feito de metais preciosos e usado na antiguidade grega e romana. Equivalia a 49 gramas de ouro. Podemos imaginar como era precioso um talento de ouro! Entretanto, no decorrer dos tempos, talento passou a indicar genericamente dom natural, inteligência excepcional, dotes especiais... O Evangelho quer nos mostrar que todos recebemos numerosos talentos de Deus: a vida, a saúde, a inteligência, a educação, a fé, o Batismo, a amizade com Deus...

E a primeira atitude a ser tomada perante esses talentos-dons deve ser a de acolhida agradecida e prática. Nunca esqueçamos que na raiz e na fonte primeira está sempre o dom de Deus. Mais que desenvolver os próprios dons, Jesus lança o apelo para reconhecermos e aceitarmos o dom da salvação, abrindo de par em par o nosso coração. Os dons que Deus nos concedeu precisam crescer e frutificar para o bem de todos.

Não importa se recebemos cinco, dois ou um talento apenas. O que importa é que não os guardemos só para nós. Na verdade as graças com as quais o Pai nos presenteou não são apenas nossas; pertencem à comunidade, pois nossas energias, nossos talentos devem estar a serviço dos irmãos. Quando o patrão voltar, não podemos estar com as mãos vazias, com o talento enterrado. Devemos apresentar a Deus um mundo renovado, justo, fraterno, um mundo onde haja espaço para todos, onde não haja excluídos. Um mundo conforme à sua vontade, construído com o empenho de todos. A comunidade não cresce e definha aos poucos, quando os seus membros não colocam em comum as potencialidades que possuem.

## Exame de consciência

Podemos nos perguntar: que talentos Deus me concedeu na formação de minha família, na convivência escolar, na amizade com os colegas... Reconheço os dons que me foram oferecidos. Qual é o maior dom que Deus nos concedeu? Qual a semelhança de atitudes entre aquele que recebeu um talento e o jovem rico da parábola de Mt 19,16-26.

Neste momento, é recomendável que os fiéis façam a confissão individual (auricular).

## Ato penitencial

**Todos**: *Confesso a Deus todo-poderoso...*

**Presidente**: *Senhor Deus, vós conheceis todas as coisas. Conheceis também nossa vontade sincera, de servir melhor a vós e a nossos* *irmãos e irmãs. Voltai para nós os vossos olhos e atendei as nossas súplicas.*

**Leitor**: *Dai-nos, ó Deus, a graça de uma verdadeira conversão.*

**Todos**: *Ouvi-nos, Senhor.*

**Leitor**: *Despertai em nós o espírito de penitência e confirmai o nosso propósito.*

**Leitor**: *Perdoai nossos pecados e compadecei-vos de nossas fraquezas.*

**Leitor**: *Fazei-nos confiantes e generosos.*

**Leitor**: *Tornai-nos fiéis discípulos do vosso Filho, e membros vivos de vossa Igreja.*

**Presidente**: *Deus, que não quereis a morte do pecador, mas que ele se converta e viva, recebei com bondade a confissão de nossos pecados e sejais misericordiosos para conosco que recorremos a vós como vosso Filho nos ensinou:*

**Todos**: *Pai nosso...*

## Bênção e canto final

# Namoro e sexualidade

Apresentar aos pais e responsáveis as principais ideias dos encontros: "meu corpo", "sexualidade" e "namoro". Suscitar perguntas e acolher as reações. Ouvir as dificuldades que estes encontram na relação familiar com os adolescentes e, posteriormente, aprofundá-las no grupo.

## Oração

Proclamar: Rm 6,12-14 e 12,1-5. Com calma e repetindo alguns versículos, iniciar uma reflexão a partir desta Palavra.

## Partilha

Cristo nos convida sempre a nos colocarmos a serviço. Todo o nosso ser, guiado pelo Espírito, se orienta para o outro, para a doação de si e o bem da família e da comunidade. O nosso corpo não existe só para sentir o prazer ou as emoções que os jovens chamam de "adrenalina". Nosso corpo está chamado a produzir os frutos do Espírito: paz, diálogo, concórdia, solidariedade, cuidado, respeito, valorização do outro...

## Reflexão

As transformações no corpo coincidem com a maturação sexual durante a adolescência e, portanto, há a necessidade de uma atenção mais cuidadosa dos responsáveis para acompanhar os sentimentos deles(as). É hora de o adolescente se abrir com os pais ou com algum(a) professor(a) amigo(a) para falar francamente e saber mais sobre seu corpo, sobre as mudanças físicas, e também sobre seus temores e curiosidades. Os problemas parecem se tornar menores quando esses jovens os compreendem e conseguem expô-los aos adultos. Por isso, em seu convívio social, vamos procurar estabelecer fortes laços de amizade.

Crescem, neles, a vaidade e a autoestima, como também a tendência a imitar os companheiros. O educador precisa estimular a autoconfiança e procurar trabalhar diferenças e preferências individuais. Em sua evolução afetiva e social não se devem fazer comparações entre menino e menina, nem criticar suas rebeldias, mas sim procurar orientá-los.

Resumidamente, o temário sobre "meu corpo" pretende:

- Mostrar as diferenças entre saúde do corpo e estética; os cuidados de higiene e com os alimentos; a ditadura da beleza.

- Esclarecer sobre as mudanças biológicas no corpo da menina e do menino (evitar explicações infantis, uso de palavras vulgares ou maliciosas).

- Elucidar os cuidados a serem tomados com o corpo e os seus limites diante dos vícios e desregramentos.

- Fundamentar o crescimento harmonioso das várias dimensões da pessoa, segundo Lc 2,52, já que o corpo é concebido como templo do Espírito, em unidade com o espírito.

Para iniciar o aprofundamento sobre a "sexualidade", propomos dois casos a serem discutidos em grupo pelos pais.

O primeiro é de um jovem de 18 anos, não trabalhador, estudante do segundo ano universitário, que engravida uma moça da mesma idade, também estudante universitária e sem trabalho. Neste caso, ambos continuaram morando com os pais, sendo a criança cuidada pela mãe. Percebe-se que ora ficam juntos, ora se separam, ora têm relações sexuais, mas sempre estão guiados pela indecisão de juntos assumirem compromisso.

Que atitudes os pais devem ter com relação ao rapaz, a moça e a criança? Que critérios os pais dos jovens poderão seguir para tomar suas decisões? Se continuarem nesse caminho, haverá a possibilidade de um segundo filho?

O segundo caso é de um pai preocupado em facilitar a primeira relação sexual do filho de 16 anos com a namorada. Montam um esquema, aproveitando a ausência da tia e a casa vazia. Naquela tarde, notava-se a preocupação do pai. Depois houve troca de confidências; e tudo saiu bem. Passados mais alguns meses, o namoro deu origem à gravidez, visto que os encontros tornaram-se um hábito entre os dois namorados.

Como orientar os filhos quanto à sexualidade e à prática do sexo? A relação sexual é tão importante assim para o desenvolvimento sadio do(a) jovem? Somente o uso do preservativo masculino ou do comprimido anticoncepcional resolve a questão?

Ao ouvir as respostas, procurar agrupar as que são afins. Em seguida, dizer que os encontros têm por meta apresentar a sexualidade como um amplo dinamismo que implica a realização de toda a pessoa, sem reduzi-la unicamente ao sexo como mero prazer momentâneo e sem doação responsável de si ao outro. Durante os encontros, não foram levantados casos específicos como esses, mas podemos afirmar o seguinte:

- A sexualidade é a expressão da pessoa como um todo: sentimentos, afetos, inteligência, comunicabilidade, relação com os demais.

- A sexualidade iluminada pelo Evangelho adquire os critérios próprios da dignidade humana, da valorização e da igualdade com relação aos outros, da oblação de si, do respeito a outro.

- A sexualidade não se resume unicamente à relação sexual, pois o sexo se insere no dinamismo do desenvolvimento da pessoa como um todo.

- A relação sexual requer condições para se desenvolver e alcançar plenamente suas finalidades, bem como as consequências que lhe são próprias.

- O maior desafio da família consiste em ajudar o(a) jovem a crescer na responsabilidade de assumir os seus atos.

- A paternidade/maternidade responsável suscita outras responsabilidades que conduzem a estas: a aquisição de uma profissão, um trabalho estável, o amadurecimento do namoro e a decisão de abraçar um projeto de vida com a(o) companheira(o), os exames pré-natais que incidem na saúde da mãe e da criança, o acompanhamento da educação da criança...

O encontro sobre o "namoro" é um desdobramento das convicções anteriores, pois o tema está direcionado para um relacionamento de responsabilidade, de busca de conhecer o(a) namorado(a). Estimula o conhecimento das mútuas diferenças, insiste no diálogo construtivo e na superação dos problemas. Novamente retoma a necessidade de preparação através do estudo e da aquisição de uma profissão para essa etapa.

# Família, lugar de diálogo e crescimento

Apresentar aos pais e responsáveis as principais ideias dos encontros anteriores sobre a família, suscitar perguntas e acolher as reações. Ouvir as dificuldades que estes encontram na relação com os adolescentes e, posteriormente, aprofundá-las no grupo.

## Oração

*Lembrai-vos, ó piíssima Virgem Maria, que nunca se ouviu dizer que algum daqueles que recorreram à vossa proteção, imploraram a vossa assistência e reclamaram o vosso socorro, fosse por vós desamparado. Animado eu, pois, com igual confiança, a vós, Virgem, entre todas singular, como à minha Mãe recorro; de vós me valho e, gemendo sob o peso de meus pecados, me prostro aos vossos pés. Não rejeiteis as minhas súplicas, ó Mãe do Filho de Deus humanado, mas dignai-vos de as ouvir e de me alcançar o que vos rogo. Amém.*

*Ave, Maria...*

Proclamar: Jo 2,1-12 — As bodas de Caná.

## Partilha

Na Bíblia, o banquete das bodas mostra o amor definitivo e pleno das núpcias de Deus com a humanidade. Nesta passagem é interessante observar que não aparecem nem o noivo, nem a noiva. O evangelista somente mostra Jesus e sua Mãe. Ele é o novo Adão, e sua Mãe personifica coletivamente a nova Eva, ou seja, a humanidade que é redimida — *Mulher [...], a minha hora ainda não chegou* (v. 4).

Há uma necessidade, pois falta o vinho do banquete. Essa bebida é símbolo das alegrias da vida nova que o Messias inaugura. Então, falta o essencial. A Mãe de Jesus intercede e diz aos que estavam servindo: *Fazei tudo o que ele vos disser!* (v. 5). São-lhes apresentadas seis talhas de pedra. Para o judeu, os números pares são imperfeitos e as talhas de pedra estão vazias, não têm nada a oferecer. Estes dois elementos fazem referência à lei escrita na pedra. Diante do noivo da humanidade, a lei é imperfeita e incapaz de produzir a novidade de vida. Somente o Messias é capaz de transformar a imperfeição da lei e devolver a alegria do Reino que ele veio inaugurar. Isto se dá quando as pessoas se propõem a segui-lo, a fazer caso do seu ensinamento e da sua pessoa. Dessa forma, acontece o verdadeiro casamento de Deus com o seu povo e surge a humanidade redimida, tal como nas bodas em Caná.

Por isso, o Matrimônio é a imagem de Deus com seu povo. Este enlace é selado com o sangue da nova aliança derramado na cruz. Jesus ama até o fim a Igreja, sua esposa-humanidade, a ponto de lhe entregar a vida. Desse amor toda a família se beneficia e passa a compreender o amor como dom, oblação e entrega pelo outro(a).

## Reflexão

Buscamos refletir com os adolescentes sobre o valor da vida em família, como comunidade de crescimento e de amor. Todos são chamados a se aperfeiçoarem. Os papéis sociais de obedecer e de mandar têm sentido quando estão envolvidos numa atmosfera de diálogo, confiança e doação de si.

É comum observar a não participação dos pais em muitos aspectos da vida dos filhos. Provavelmente a atual condição financeira da família, a dupla jornada de trabalho das mães, a influência da televisão e da internet... impedem a continuidade do diálogo entre pais e filhos.

"Sentar diante do adolescente, com ar de superioridade e autoritarismo, também não é diálogo. Falar muito, dar conselhos, relatar experiências enquanto o outro fica ouvindo calado, expressando-se de vez em quando e sendo logo interrompido também não é diálogo: é monólogo."[1]

Afirma um casal de pais: "Sempre conversamos muito com nossos filhos, procuramos ouvi-los e escutar seus questionamentos (não podemos confundir questionamento com imposição, chantagem. É comum conversar [...] para, com nossa experiência de vida, transmitir amor aos nossos filhos e ter sabedoria para educar, falar, escutar, dialogar e, se preciso fosse, determinar o que seria bom para eles".[2]

## Diálogo de fé

Além do diálogo familiar, centramos nossa atenção na educação da fé dos jovens. Isso implica diretamente as atitudes de fé que a família procura cultivar dentro de casa. Tais atitudes brotam de nossa conversão a Jesus Cristo, caminho, verdade e vida. Não podemos pretender uma educação que ignore a fé, pois a dimensão religiosa ou transcendente constitui a nossa vida e precisa ser educada como as outras dimensões. Se não aprofundamos a compreensão da fé, ficamos sujeitos a ser manipulados por pessoas e instituições que sincera ou interesseiramente divulgam verdades, crenças e modos de viver.

A fé cristã está baseada na revelação do Evangelho de Jesus Cristo. Evangelho quer dizer "boa notícia", isto é, o cristão acolhe a vida, o ensinamento, a missão de Jesus de Nazaré como o maior acontecimento de nossa história e de sua existência.

---

1 MILLER, Paulo. O *adolescente, uma jóia de Deus*. São Paulo, Paulinas, 2008. p. 55.

2 MENDES, Jorge e Isabel. *Educar os filhos na fé*; amor, diálogo e equilíbrio. São Paulo, Paulinas, 2006. p. 20.

O Filho de Deus se encarna no seio da Virgem Maria, por obra do Espírito Santo, e nos revela a misericórdia do Pai. Diante da observância estrita da lei dos judeus, com seus mandamentos minuciosos sobre o jejum, a purificação ritual e os sacrifícios no templo, Jesus proclama a grandeza do amor que supera todo preceito religioso. Alcançamos a salvação porque ele é o nosso único mediador. Nossa esperança está nele e não mais no cumprimento exato da lei.

Após ser batizado por João Batista no rio Jordão, Jesus inicia sua vida de pregação e inaugura o Reino de Deus. Aqueles que querem segui-lo, ser seus discípulos, não vivem mais amargurados sob o peso desse mundo que distingue os que têm dinheiro, aparência jovial ou conseguem dominar pela força, corrupção ou mentira. Seu Reino corre por outra vertente. É a Boa-Nova aos pobres. Assim aconteceu quando Jesus proclamou a profecia de Isaías na sinagoga de Nazaré: O *Espírito do Senhor está sobre mim, pois ele me ungiu, para anunciar a Boa-Nova aos pobres: enviou-me para proclamar a libertação aos presos e, aos cegos, a recuperação da vista; para dar liberdade aos oprimidos e proclamar um ano de graça da parte do Senhor* (Lc 4,18-19). E terminada a leitura, concluiu: *Hoje se cumpriu esta passagem da Escritura que acabastes de ouvir* (v. 21).

Na pessoa de Jesus Cristo se cumpre a nova realidade do Reino. Este Reino estabelece uma nova ordem de relações que privilegia o mais fraco, o pobre, o doente; se realiza em ações concretas de solidariedade, justiça e bem comum. Certa vez, perguntaram a Jesus onde estava o Reino, ao que respondeu: *Está entre vós*. Quer dizer, onde as pessoas aderem à sua pessoa e constroem relações de solidariedade, de justiça, de proteção às crianças, ao indefeso, ao idoso, ao meio ambiente... ali o Reino se manifesta. Ali o Espírito de Deus age, construindo a humanidade redimida e humanizando as pessoas.

Os critérios do Reino não se confundem com a grandeza do mundo; basta conferir as bem-aventuranças de Jesus com aquelas que o mundo faz alarde como sinônimo de felicidade e de realização pessoal. Confessar a fé no Evangelho tem consequências diretas na convivência familiar e na educação dos filhos.

Os critérios do Reino nos conduzem ao amor, ao dom de si, à entrega generosa da própria vida colocada a serviço; valores bem diferentes daqueles das aparências, do consumismo e da superficialidade das relações.

No caminho de aprofundamento da fé, a leitura constante do Evangelho é uma decorrência natural. A Bíblia sempre fala de dois caminhos, como no Salmo 2. Por isso os pais podem optar por conhecer, amar e viver o Evangelho ou deixar caminho aberto para que outros modos de ver a vida se instalem dentro de casa e levem para caminhos diferentes daqueles do Senhor.

## Vivência

Recomenda-se que os catequistas, ao conversarem com os pais/responsáveis, indaguem se já concluíram a iniciação cristã, isto é, se já receberam os sacramentos da Eucaristia e da Crisma. Os que não completaram a iniciação cristã devem ser encaminhados ao pároco ou à equipe de catequese com adultos. É muito louvável estimular a paróquia para que tenha um catecumenato próprio dirigido para estes casos.

Ajudar os pais a perceberem a diferença dos dois projetos de vida. Apostamos naquele que se coloca na linha de interiorização daquilo que Cristo deseja para a felicidade e a realização do ser humano. Que os pais estejam convencidos da importância da presença de Deus na família, como o seu centro.

Propor algumas atividades da programação paroquial que ajudem os pais a crescerem em sua vida de fé. Incentivar a leitura bíblica cotidiana em casa.

### Sem diálogo não há solução

*O diálogo entre pais e filhos, apesar de difícil, é fundamental para criar um ambiente de confiança que facilite a educação de crianças e adolescentes.*

Já se tornou senso comum afirmar que pais e filhos devem dialogar. O problema é como isso se dá — ou não se dá — no cotidiano. Para muitos pais, dialogar significa impor aos interlocutores mais novos suas certezas, que vêm embaladas por um monólogo sem fim. Quando isso ocorre, o mais comum são os filhos — sobretudo se adolescentes — fazerem ouvidos moucos àquilo que chamam de blá-blá-blá, e se afastarem convictos de que é impossível conversar com os pais. As crianças podem até ouvir, mas normalmente saem dessas "conversas" com a impressão de que suas intervenções, quase sempre breves, não foram levadas em conta.

Por outro lado, muitos filhos, principalmente na adolescência, acreditam que os pais têm muito pouco a lhes ensinar. Olham para os mais velhos como "espécimes em extinção", representantes de um passado superado, habitantes de um mundo completamente diferente, repleto de medos infundados e preocupações inúteis. Tal sensação de autossuficiência, própria dessa fase da vida, é outro fator desfavorável ao diálogo intergeracional.

O que fazer para romper esse impasse, que ameaça comprometer significativamente o relacionamento familiar e a boa educação dos filhos? A resposta a essa pergunta é de enorme importância, pois a comunicação é o fundamento principal sobre o qual se apoia a formação dos filhos. O primeiro passo, portanto, é entender corretamente o que significa dialogar. E essa observação vale tanto para os pais quanto para os filhos. "A pessoa que acha que dialogar é o mesmo que falar não imagina que o outro também tem uma opinião sobre o assunto discutido. Por isso, acredita que a conversa acaba quando ela disse tudo o que tinha a dizer, sem dar oportunidade de o outro se expressar" — alerta a psicóloga Paula Dely, ex-coordenadora da Vara da Infância e da Juventude de Curitiba (PR).

É o caso, por exemplo, daquele pai que quer convencer o filho a não ir à balada sábado à noite ou o do filho que quer persuadir o pai a lhe emprestar o carro para viajar com os amigos. Ambos já iniciam o "bate-papo" aferrados a suas posições, esperando que um aceite passivamente as colocações do outro. Na verdade, muito mais do que dialogar, cada uma das partes desejava apenas comunicar uma decisão que já julgava tomada de antemão, e à qual não se poderia contrapor nenhum argumento. Tal postura é o caminho mais curto para o conflito. "E briga, discussão ou gritaria não têm nada a ver com diálogo" — alerta a psicóloga.

Saber ouvir — Para transpor tais atitudes que impedem a comunicação e abrir caminho ao entendimento, algumas atitudes são recomendáveis. "O diálogo é um exercício difícil, pois exige que as pessoas tenham consciência de que, além de falarem, também precisam ouvir" — afirma Paula Dely. E esse ouvir não significa apenas escutar. Para a psicóloga, é necessário que as pessoas se disponham a entender o ponto de vista do outro, mesmo que este seja diverso do seu. "Diálogo é também uma negociação na qual as pessoas ouvem e respeitam as opiniões do outro, tentando chegar a um acordo, o que exige que as partes cedam um pouco" — recomenda.

Essa abertura também é revelada por outras posturas indicativas de que se busca realmente o diálogo. Uma delas é dispor de tempo para a conversa. Sobretudo no que se refere aos pais, não adianta iniciar a conversação de olho no relógio, pensando em outros compromissos. Escolher um lugar tranquilo e evitar um tom de voz mais ríspido, mesmo nos momentos de maior contrariedade, são outras boas recomendações. Muito importante também é evitar que pessoas alheias ao assunto — amigos e irmãos, por exemplo — presenciem a conversa, pois isso cria uma vulnerabilidade nos interlocutores que dificulta a busca de consenso. "Quando outras pessoas estão presentes, há uma maior resistência em ceder aos argumentos do outro, pois, para os pais, isso pode ser confundido com falta de autoridade, enquanto, sob a ótica dos filhos, fica uma sensação de humilhação" — garante Mara Cristina Suassuna Costa, psicóloga clínica e organizacional.

Outro cuidado fundamental: mesmo nos momentos de maior tensão, os pais nunca devem utilizar palavras sarcásticas ou ofensivas, que agridam a autoestima dos filhos. "Não esqueça de que, um dia, você também esteve nessa mesma posição. Lembre-se de seus desejos e expectativas de autonomia e de como você gostaria que esses temas, que lhe eram tão caros, fossem tratados por seus pais" — recomenda Mara Cristina. Nessa hora, siga o conselho do educador austríaco Bruno Bettelheim (1903-1990): "Pense em sua própria experiência. Todas as respostas estão lá".[3]

---

[3] GIANNELLA Júnior, Fúlvio. In: *Revista Família Cristã*. São Paulo, Paulinas, n. 887, novembro de 2009, pp. 26-27.

# Pertencer à comunidade[1]

## Oração

**Leitor 1**: *Vamos rezar pela nossa comunidade para que ela seja fraterna e viva o mesmo amor que tinham os primeiros cristãos.*

A oração[2] pode ser feita em dois coros:

*1. Senhor, peço pela minha comunidade;*

*2. Para que nos conheçamos melhor e haja mais amor.*

*1. Para que cresçamos na fé e na confiança.*

*2. Para que cada um sinta e viva as necessidades dos outros.*

*1. Para que as discussões não nos dividam, mas unam em busca da verdade e do bem.*

*2. Para que as diferenças não excluam ninguém da comunidade, mas levem a unidade.*

*1. Para que olhemos para cada um com os olhos do Senhor.*

*2. Para que amemos com o teu coração.*

*1. Para que nossa comunidade não se feche em si mesma, mas acolha os outros.*

*2. Para que no fim de todos os caminhos e além de todas as buscas.*

---

[1] Este encontro foi adaptado de: Núcleo de Catequese Paulinas. *Cristãos a serviço do Reino.* São Paulo, Paulinas, 2009. pp. 63-70 e 79-87.

[2] *Devocionário da Família Franciscana.* Petrópolis, Vozes, 1996. p. 375.

1. *No final de cada discussão e depois de cada encontro,*

2. *Nunca haja "vencidos", mas sempre "irmãos".*

1. *E assim começaremos o caminho que termina no céu.*

2. *Amém.*

Proclamar: Mc 3,14-18 — Jesus chama os apóstolos.

## Partilha

A Igreja é a comunhão íntima dos fiéis com o Pai, o Filho e o Espírito Santo. Jesus deixou aos seus discípulos a missão de tornar presente o Reino de Deus no mundo, por meio da pregação e do testemunho do Evangelho e da celebração da Eucaristia junto às comunidades. Assim como eles, também somos chamados a continuar essa missão. A Igreja é uma comunidade de irmãos e irmãs que vivem unidos pela mesma fé em Jesus. Os membros formam o povo de Deus e são chamados para agirem conforme o carisma que possuem, com o objetivo de transformar o mundo e promover a realização do projeto de Deus.

As primeiras comunidades se reuniam para *ouvir os ensinamentos dos apóstolos, partir o pão, participar das orações e viver unidos* (cf. At 2,42). Assim, também hoje, a comunidade se reúne para a celebração da Eucaristia e se prepara para dar bons frutos para o mundo. Os fiéis têm uma grande e importante missão na vida da Igreja; compartilham nela a fé, a esperança e o amor.

A Igreja busca atrair as pessoas para Cristo a fim de crescer no amor e numa grande comunhão com Deus e com a humanidade. As comunidades, por sua vez, buscam ser acolhedoras como uma família, sem espaço para a exclusão, respeitam as diferenças entre seus membros e valorizam cada pessoa que participa.

A comunidade é um lugar privilegiado de comunhão que se desenvolve a partir da participação de todos os membros do povo de Deus, sejam bispos, presbíteros, diáconos, religiosos ou leigos. É um trabalho conjunto em que cada um exerce sua função específica e busca valorizar a opinião e o trabalho de todos para que o Reino de Deus aconteça na comunidade e no mundo.

## Reflexão

As famílias vivem em conflito entre o que é próprio do tempo de hoje — a globalização, a violência, a pobreza e injustiça — e o que é ensinado pela Igreja como princípios cristãos — caridade, castidade, amor ao próximo, valorização da vida etc. Tudo isso afeta nossas comunidades, que precisam manter o diálogo com a nova realidade, sem aderir ao que contraria os princípios do Evangelho. Como discípulos de Jesus, somos desafiados a perceber os "sinais dos tempos" à luz do Espírito Santo, para nos colocarmos a serviço do Reino que foi anunciado por Jesus.

Para a comunidade se desenvolver precisa de cristãos dispostos a enfrentar desafios, sempre conscientes de que Deus se faz presente na comunidade e além dela: nos sacramentos e na Palavra, na prática da caridade e nos irmãos excluídos.

Ser testemunha do Evangelho implica buscar esclarecimento e desenvolver atitudes que promovam o bem comum, como a assistência aos pobres; ter uma postura ética no ambiente familiar, no trabalho, na política e na participação firme e eficaz em diversos setores da sociedade civil; estar atento aos sinais dos tempos e ter olhos voltados para o futuro, na confiança de que Deus sustenta a comunidade na esperança do cumprimento da verdade. Para tanto, o Espírito Santo fortalece o amor entre as pessoas, pois Jesus nos diz: *Recebereis a força do Espírito Santo [...] e sereis minhas testemunhas [...] até os confins da terra* (At 1,8).

## Seguir Jesus é um desafio

Jesus chama a cada um para conviver com ele e seguir seus passos no caminho do Evangelho. O cristão, quanto mais toma consciência de que pertence a Cristo, mais sente a necessidade de partilhar seus dons com as pessoas na comunidade e ir ao encontro delas anunciando o amor misericordioso de Deus Pai, que está presente nele. Porém, é preciso discernir pela fé os desafios ao longo da vida e buscar novos caminhos.

A solidariedade e o serviço aos excluídos levam a uma renovação das práticas de caridade. Os cristãos vão além de uma simples assistência e criam iniciativas que levam a uma transformação social, como o serviço prestado pela pastoral da saúde, pastoral da criança, pastoral do idoso etc. Os cristãos colaboram na construção da sociedade justa e fraterna, lutando contra o que prejudica a vida humana; inspirados no exemplo de Jesus vão aos mais diversos povoados e se encontram com aqueles dos quais ninguém quer se aproximar.

As comunidades aprofundam seu conhecimento na Palavra de Deus e na prática da doutrina social da Igreja para combater a injustiça e a marginalização social com denúncias firmes daquilo que se opõe ao Evangelho e é contrário aos princípios éticos. Muitos cristãos sentem a necessidade de se engajarem na política partidária, para tentar mudar as situações de injustiça e de desvalorização da dignidade humana.

Citamos o exemplo de um pai de família, muito próximo de nosso convívio e comprometido com a fé. Ele trabalhava numa fábrica automobilística e começou a participar do sindicato conforme os princípios cristãos. Ao defender os interesses dos funcionários, começou a ser malvisto pelos chefes, que queriam que ele agisse de acordo com os critérios e interesses deles e não se preocupasse tanto com os colegas. Este homem viveu um grande conflito, pois precisava de seu emprego, e ao mesmo tempo não podia ir contra seus princípios cristãos. Por fim, decidiu agir conforme sua consciência e a favor de seus colegas, mesmo que isto custasse seu emprego, pois o que lhe importava, de fato, era ser justo e valorizar a pessoa humana em sua dignidade.

## A comunidade a serviço do Reino de Deus

Deus chama cada um de maneira particular para exercer sua missão. Os fiéis leigos têm um lugar de grande importância na Igreja porque estão presentes em diversos setores do mundo, como sinal de amor e testemunha do Cristo através de sua vida. Buscam seguir o exemplo de Cristo, que acolhia a todos sem fazer distinção e se dirigia aos mais variados locais junto de quem mais precisava dele.

Os leigos são valorizados em suas diferentes funções, se organizam nas mais variadas associações, têm oportunidades de receber boa formação cristã para transmitir o Evangelho e têm presença significativa nas diversas estruturas da cidade, expondo suas ideias e opiniões.

A Igreja organiza o ministério da palavra, o ministério da comunhão eucarística, as pastorais sociais, os trabalhos junto aos excluídos etc. O trabalho da comunidade está baseado na igualdade e favorece o serviço solidário para todos. Os membros da Igreja podem trabalhar para que a Palavra de Deus, que é luz para os povos, chegue ao conhecimento de todos os seus filhos, mesmo nos mais diversos setores da sociedade e lugares onde as pessoas atuam. Para isso, é necessário contar com a graça do Espírito Santo *que sopra onde quer* (Jo 3,8) e colaborar para o bem de todos e a edificação da Igreja de Cristo.

**Para aprofundar em grupo**

Fazer a leitura do texto de At 2,42-47 e refletir sobre o retrato das primeiras comunidades.

1. Quais as semelhanças entre as primeiras comunidades e a nossa atualmente?

2. Quais os maiores desafios que enfrentamos em nossa comunidade?

3. O que podemos fazer para que nossa comunidade seja mais parecida com as primeiras comunidades?

4. Que trabalhos são feitos na comunidade para colaborar na valorização da dignidade das pessoas excluídas?

5. O que podemos fazer em nossas casas para que os meios de comunicação informem e tragam entretenimento sem se transformarem em verdadeiros ídolos?

# Renovação das promessas batismais

Para concluir esta etapa de amadurecimento da fé, sugerimos que catequistas, pais ou responsáveis e perseverantes renovem solenemente as promessas batismais. Possivelmente, este ato seja realizado numa Missa dominical após a homilia ou, então, numa celebração da Palavra preferencialmente presidida pelo pároco. Os números laterais das orações são do *Ritual de Iniciação Cristã dos Adultos.*

## Oração sobre a água

349. **Quem preside**, voltado para a fonte, diz a seguinte oração de bênção sobre a água:

*Bendito sois vós, Deus, Pai todo-poderoso,*

*que criastes a água para purificar e dar vida.*

Todos: *Bendito sois vós para sempre (ou outra aclamação apropriada).*

**Quem preside:**

*Bendito sois vós, Deus, Filho unigênito, Jesus Cristo,*

*que fizestes jorrar água e sangue do vosso lado,*

*para que, de vossa morte e ressurreição, nascesse a Igreja.*

Todos: *Bendito sois vós para sempre.*

**Quem preside:**

*Bendito sois vós, Deus, Espírito Santo,*

*que ungistes o Cristo batizado nas águas do Jordão,*

*para que em vós todos fôssemos batizados.*

Todos: *Bendito sois vós para sempre.*

**Quem preside:**

*Assisti-nos, Senhor, único Pai,*

*e santificai esta criatura água, para que, nela batizados,*

*os homens e as mulheres sejam purificados do pecado*

*e recebam a nova vida dos filhos de vossa adoção.*

Todos: *Senhor, atendei a nossa prece (ou outra invocação apropriada).*

**Quem preside:**

*Santificai esta criatura água,*

*para que se tornem conformes à imagem de vosso Filho*

*os que por ela são batizados na morte e ressurreição do Cristo.*

Todos: *Senhor, atendei a nossa prece.*

**Quem preside** toca a água com a mão direita e continua:

*Santificai esta criatura água,*

*para que renasçam no Espírito Santo*

*e se incorporem ao vosso povo santo aqueles que escolhestes.*

Todos: *Senhor, atendei a nossa prece.*

**O povo** aclama:

*Fontes do Senhor, bendizei o Senhor!*

*Louvai-o e exaltai-o para sempre!*

353. A **renúncia** e a **profissão de fé** são partes de um só rito. A palavra "renunciar" pode ser substituída por outra expressão equivalente, como: lutar contra, deixar de lado, abandonar, combater, dizer não, não querer.

Cada criança e os adultos presentes se dirigem ao círio para acender sua vela.

**Quem preside:**

*Prezados pais, catequistas, familiares e crianças, pelo mistério pascal fomos no Batismo sepultados com Cristo para vivermos com ele uma vida nova. Quando fomos batizados, não pudemos consentir com nossa própria voz ao dom da fé que estávamos recebendo. Hoje, terminado este período de aprofundamento da fé, renovemos as promessas do nosso Batismo, pelas quais renunciamos às obras más e prometemos servir a Deus na Igreja.*

A palavra "renunciar" pode ser substituída por outra expressão equivalente, como: lutar contra, deixar de lado, abandonar, combater, dizer não, não querer.

**Quem preside** interroga ao mesmo tempo todos os eleitos:

*Para viver na liberdade dos filhos de Deus,*

*vocês renunciam ao pecado?*

R. *Renuncio.*

**Quem preside:**

*Para viver como irmãos,*

*vocês renunciam a tudo o que causa desunião?*

R. *Renuncio.*

**Quem preside:**

*Para seguir Jesus Cristo, vocês renunciam ao demônio,*

*autor e princípio do pecado?*

R. *Renuncio.*

## Entrega da luz

360. **Quem preside**, tomando ou tocando o círio pascal, diz:

*Aproximem-se os padrinhos e madrinhas, para entregar a luz aos que renasceram pelo Batismo.*

Os pais, catequistas e crianças aproximam-se, acendem uma vela no círio pascal. Depois disso, **quem preside** diz:

*Deus tornou vocês luz em Cristo. Caminhem sempre como filhos da luz, para que, perseverando na fé, possam ir ao encontro do Senhor com todos os Santos no Reino celeste.*

**Os batizados:**

*Amém.*

## Profissão de fé

**Quem preside:**

*Crês em Deus Pai todo-poderoso, criador do céu e da terra?*

R. *Creio.*

**Quem preside:**

*Crês em Jesus Cristo, seu único Filho, nosso Senhor, que nasceu da Virgem Maria, padeceu e foi sepultado, ressuscitou dos mortos e subiu ao céu?*

R. *Creio.*

**Quem preside:**

*Crês no Espírito Santo, na santa Igreja Católica, na comunhão dos santos, na remissão dos pecados, na ressurreição dos mortos e na vida eterna?*

R. *Creio.*

**Quem preside:**

*Esta é a nossa fé, que da Igreja recebemos e sinceramente professamos, razão de nossa alegria em Cristo, nosso Senhor.*

O sacerdote asperge o povo com a água benta, enquanto todos cantam. Segue-se a oração dos fiéis da Missa ou da Celebração da Palavra, que se concluirá com o Pai-nosso e a bênção final.

# Sumário

Paulinas

Rua Dona Inácia Uchoa, 62
04110-020 – São Paulo – SP (Brasil)
Tel.: (11) 2125-3500
paulinas.com.br – editora@paulinas.com.br
Telemarketing e SAC: 0800-7010081